Das Allgäu

lieben lernen

*Der perfekte Reiseführer für einen
unvergesslichen Aufenthalt im Allgäu*

Marianne Neuberg

Alle Ratschläge in diesem Buch wurden sorgfältig erwogen und geprüft. Eine Garantie kann dennoch nicht übernommen werden. Eine Haftung für jegliche Personen-, Sach- und Vermögensschäden ist daher ausgeschlossen. Die Benutzung dieses Buches und die Umsetzung der darin enthaltenen Informationen erfolgt ausdrücklich auf eigenes Risiko.

✈ INHALT

Das erwartet Sie in diesem Buch

W er liebt es nicht, bei einem leckeren Bier an der schönen Landluft zu entspannen, zu wandern oder Fahrrad zu fahren, spazieren zu gehen, Spiele zu spielen – all das können Sie entweder allein, zu zweit oder mit der ganzen Familie im Allgäu erleben. Das Allgäu ist nicht nur die südlichste Region Deutschlands, sondern bietet Ihnen auch die meisten Sonnenstunden, nämlich mehr als 2.300 jährlich. Zum Vergleich:

Berlin zählt etwa 1.700 und Mallorca rund 2.700 Sonnenstunden pro Jahr.

In diesem Buch werden Ihnen nicht nur einige Fakten rund um das Allgäu genannt, sondern Sie erfahren auch, was Sie in dieser wunderschönen Region sehen und erleben können. Des Weiteren erhalten Sie neben standardmäßigen Empfehlungen auch Anmerkungen und Tipps vom Autor höchstpersönlich, um zum Beispiel möglichst kostengünstig das Gebiet der braunen Kuh zu erkunden. Zuletzt werden Ihnen Fachbegriffe, die sich nicht von selbst erklären, selbstverständlich erläutert.

Was macht das Allgäu aus?

EINFÜHRUNG

Wenn man an Bayern und das Allgäu denkt, dann stellt man sich höchstwahrscheinlich zuerst die grünen Wiesen und die typischen, braunen Kühe vor, doch das ist nicht alles: Das Allgäu ist, wie bereits angemerkt, die südlichste Region Deutschlands und zählt die meisten Sonnenstunden hierzulande. Das Urlaubsgebiet, welches größtenteils in Bayern liegt, ist ganzjährig gut besucht, da es in und an den Alpen liegt und somit sowohl im Sommer als auch im Winter

wunderschöne Aktivitäten bietet. Im Sommer können Sie zum Beispiel mit der ganzen Familie eine
Wandertour machen, unzählige Almen besuchen,
heimischen Käse und Bier konsumieren und die ge-
sunde ländliche Luft schnuppern. Im Winter können
Sie aus unzähligen Ski-Angeboten wählen und die
Vielfalt des Wintersports kennenlernen.

DIE NATUR

Erreicht man aus nördlicher Richtung das Allgäu, so
kann man die Gebirgssilhouette der Allgäuer Hoch-
alpen erkennen. Zu den Allgäuer Alpen zählen rund
600 Gipfel, auf denen unzählige Gebirgswiesen liegen und von Kühen abgegrast werden. Des Weiteren
findet man im Allgäu etwa 500 Biotope und 100 Na-
turdenkmäler. Die Alpen liegen in zwei Staaten und
vier Bundesländern. Der Hauptteil der Gipfel liegt in
Deutschland im Ober- und Ostallgäu. Der Rest reicht
vom Bregenzerwald im österreichischen Vorarlberg
bis hinüber zum Bezirk Reutte in Tirol.

METEOROLOGIE

Das wichtigste Thema ist das Wetter. Der Frühling bringt sowohl Sonne als auch Schnee mit sich. Während am Himmel bereits die Sonne scheint, liegt auf den Skipisten noch haufenweise Schnee, dennoch ist das Wetter meist trocken. Im Sommer scheint, bis auf vereinzelte Ausnahmen, die Sonne. Das sorgt dafür, dass die ohnehin schon grünen Wiesen und Wälder in unzähligen knalligen Grüntönen sprießen und gedeihen. Hin und wieder kann es dazu kommen, dass der typische Landregen über das Allgäu zieht und das Gebiet über Tage hinweg in ein halbdunkles Licht tränkt. Während des Herbstes, der schönsten Jahreszeit zum Wandern, verhält sich das Wetter oftmals freundlich. Die Sonne scheint, es bleibt oft trocken und es ist nicht zu kalt. Der einzige Nachteil ist, dass die Tage immer kürzer werden. Der Winter ist, wie soll es auch anders sein, die verlässlichste Jahreszeit für viel Schnee, welcher eine perfekte Voraussetzung für den Wintersport bietet. Je nach Höhe und Lage kann dieser Schnee bis März verweilen.

GEOGRAFIE

Das Allgäu erstreckt sich auf 5.600 qm, ist damit elfmal so groß wie der Bodensee und zählt rund 800.000 Einwohner. Das Allgäu wird unterteilt in das **Ostallgäu** vom Lech bis nach Füssen Pfronten, ins **Oberallgäu** mit dem Illertal, Sonthofen, Oberstdorf, Oberstaufen sowie Kempten, ins **Westallgäu** um Lindenberg und Isny bis zum Bodensee, und in das **Unterallgäu** mit dem Zentrum Memmingen.

Der südlichste Punkt Deutschlands ist Oberstdorf. Das 10.000-Seelen-Dorf bietet Ihnen nicht nur ein attraktives Angebot an schönen Geschäften, Bars und Restaurants, sondern auch eine Vielzahl an Freizeitaktivitäten. Dadurch, dass Oberstdorf am Nebelhorn und dem Fellhorn liegt, bietet die Gemeinde im Sommer, wie im Winter einen perfekten Ort für Naturfans.

Des Weiteren findet hier jährlich vom 28.12. bis 29.12. das Auftaktspringen der Vierschanzentournee in der Audi Arena statt. Diese zieht unzählige interessierte Wintersportliebhaber in das ohnehin schon gut besuchte Dorf, welches rund drei Millionen Übernachtungen pro Jahr zählt. Etwas außerhalb des Ortes befindet sich die drittgrößte Skisprungschanze der Welt, sie trägt den Namen „Heini-Klopfer-Schanze" und misst eine Höhe von 72 m.

Wie tickt das Allgäu?

DIE DIALEKTE IM ALLGÄU

Im Allgäu gilt, je näher man den Bergen kommt, desto mehr wird auch Dialekt gesprochen. Schon von klein auf, im Kindergarten oder der Schule wird das Dialektsprechen gehegt und gepflegt. Sind die jungen Erwachsenen aus der Schule raus, geht es am Gartenzaun oder dem Stammtisch weiter. Gehen Sie oft wandern und besuchen eine Alm, so kann es vorkommen, dass der Senner, der Halter, sie unverständlich begrüßt. Oftmals müssen Sie einfach nur nachfragen und Ihnen wird erklärt, was von Ihnen gewollt wird.

Bräuche und Sitten

EINFÜHRUNG

Sowohl Sitten als auch Bräuche sind im Allgäu ein Muss und werden deshalb jährlich zelebriert. Bekannte Bräuche sind zum Beispiel das „Klausentreiben", der „Viehscheid" oder der „Wilde Mändle Tanz". Die meisten Bräuche gelten zur Vertreibung der bösen Geister und Dämonen. Oft wird gewünscht, beim Aufführen der Stücke oder beim Zelebrieren des Brauches, nicht zu filmen.

DAS KLAUSENTREIBEN

Das Klausentreiben findet vom 05.12. bis 06.12. statt. Dabei verkleiden sich die jungen Männer des Allgäus mit Fell- und Pelzgewändern, des Weiteren tragen sie Masken mit gewaltigen Hörnern. Um die Hüften hängen Schellen und Glocken. Der Brauch dient der Vertreibung der bösen Dämonen, der Wintergeister und der Schatten. All der Spaß hat allerdings auch eine Kehrseite, da die Männer mit Peitschen ausgestattet sind, mit denen sie auch zuschlagen. Aufgrund dessen kam es schon des Öfteren zu Gewaltexzessen.

VIEHSCHEID

Da die Tiere, wie zum Beispiel Kühe, den gesamten Sommer auf den Allgäuer Alpen verbracht haben, werden diese Anfang September, vor dem ersten Schnee, von den Bauern und Hirten wieder ins Tal hinabgeführt. Sofern es im Sommer zu keinem Verlust kam, werden die Tiere schon früh morgens gesäubert, mit Dekorationen geschmückt und bergabwärts geführt. Das Leittier, welches die Herde anführt, trägt einen riesigen Kranz aus Blumen und Zweigen. Da jedes Tier eine Glocke um den Hals trägt, kehrt die Herde begleitet von starkem Lärm, ins Tal zurück. Sowohl die Tiere als auch die Hirten werden dort von der Zuschauermenge begrüßt. Nachdem die Lebewesen zu ihren Besitzern zurückgekehrt sind, wird in Bier- und Festzelten geschunkelt und gefeiert.

WILDE MÄNDLE TANZ

Der älteste deutsche Kulttanz ist, laut den Überlieferungen, um die 1400 Jahre alt. Da der Brauch nur noch in Oberstdorf gefeiert wird, wird er nur alle fünf Jahre vom Trachtenverein zelebriert. Das besondere Spektakel wird von 12 alteingesessenen Oberstdorfer Tänzern in überragenden Gewändern vorgeführt. Die Gewänder sind mit langen Flechten behangen. Des Weiteren tragen die Männer einen Kranz, bestehend aus den Blättern der Stechpalme und einen Laubgürtel. Der aufwendige Tanz besteht aus 17 Figuren, diese stellen Pyramiden, anstrengende Schrittfolgen und Kämpfe dar. Der Auftritt wird zelebriert, um den Menschen die positive Kraft der Sonne, der Natur und der Götter beizufügen. Sollten Sie das Glück haben und dieses Fest miterleben, so wird gewünscht, **nicht** zu filmen oder zu fotografieren.

Allgäuer Sagen

EINFÜHRUNG

Im Allgäu gelten nicht nur Bräuche und Sitten, es existieren auch Sagen. Die Kultur des Allgäus geht bis in die Tiefen der keltischen Religion. Die Römer interessierten sich nie wirklich für die Bräuche der Allgäuer, doch die Christen drohten dem ungebildeten Volk, die keltischen Götter zu Hausgeistern oder Dämonen zu schrumpfen.

DIE ERZSUCHER

Im 14. Jahrhundert gab es eine Vielzahl an Erzsuchern, welche aus Venedig stammten und nach Bayern auswanderten. Aufgrund ihres Aussehens und ihrer, bis dahin, unbekannten Sprache, machten sie auf die Bewohner des Allgäus einen magischen Eindruck.

ALLGÄUER UNTERWELT

Unter dem Allgäu soll sich, laut dieser Sage, ein riesiges Meer befinden, welches mit allen Seen, Flüssen und Bächen verbunden ist. In diesem Gewässer soll es eine Vielzahl an mysteriösen Wesen geben. Eines dieser magischen Lebensformen ist der Wassermann. Dieser zieht, sobald sich ein Mensch einem Gewässer zu sehr nähert, ihn in die bodenlose Tiefe.

DIE ALLGÄUER BERGWELT

In den Gebirgen des Allgäus soll es Geister in Form von menschlichen und tierischen Gestalten geben. Diese Lebewesen beschützen die Tiere im Wald vor den Jägern. Während es im Winter zu kalt für die Weidetiere und die Hirten ist, bewohnen die Gämse die Sommeralphütten der Bauern. Diese dürfen währenddessen nicht in ihre Hütten zurückkehren.

DIE KELTEN

Über den Mooren der dunklen Täler spuken Geister. Diese erscheinen als Irrlichter und amüsieren sich, wenn sie wehrlose Menschen in die Irre führen. Die Geister sind alte Kelten und Venezianer, welche noch heute in unterirdischen Gängen leben und ihr Gold, welches sie einst in den Minen abgebaut haben, beschützen.

Sehenswürdigkeiten

DIE MUSEEN

Geheimtipp

Mieten Sie sich zum Beispiel eine Ferienwohnung oder ein Haus, so erhalten Sie kostenlos die Allgäu-Walser-Card. Diese bietet Ihnen nicht nur die Möglichkeit kostengünstig im Allgäu zu parken, sondern auch verschiedene Freizeitangebote zu rabattierten Preisen in Anspruch zu nehmen und den Nahverkehr kostenlos zu nutzen. Zeigen Sie dafür einfach die Karte bei den Walser-Card-Partnern vor. Eine Liste der rund 200 Partner finden Sie unter **www.allgaeu-walsercard.com**

Einführung

Hier finden Sie einige Museen, die Ihnen Informationen über das Allgäu darbieten. Es ist wichtig anzumerken, dass einige Museen ganzjährig, viele aber nur saisonal geöffnet haben. Des Weiteren gilt, dass Sie den Öffnungszeiten, welche auf den jeweiligen Internetseiten auffindbar sind, oftmals keinen Glauben schenken und lieber einen kurzen Anruf tätigen sollten, um wirklich sicherzugehen.

Der archäologische Park Cambodunum in Kempen

Kempten ist wahrscheinlich die älteste Stadt Deutschlands, da sie von den Kelten gegründet und später römisch wurde. Es wird vermutet, dass Cambodunum die erste Hauptstadt der römischen Provinz Rätien war. Die Stadt lag östlich der Iller, heute findet man dort den archäologischen Park Cambodunum. Der Park beinhaltet freigelegte Überreste einer Basilika, eines Tempelbezirks und von Thermen. Da der Tempelbezirk unter freiem Himmel liegt, ist der Park eher für freundliches Wetter geeignet. Der Bezirk zeigt Fundstücke und originalgetreue Nachbauten der damaligen Tempel. Der Eintrittspreis ist vor allem für Menschen, die geschichtlich interessiert sind, vollkommen in Ordnung.

Alpinmuseum Kempten

Im historischen Gebäude des Marstalls erstreckt sich über vier Etagen hinweg eine Ausstellung, die Ihnen das Thema der Alpen als Lebensraum darstellt. Des Weiteren wird die Besiedlung dieser dargelegt und der Wandel des Tourismus aufgezeigt. Wenn Ihnen zwei Stunden Museumsbesuch reichen, dann können Sie vor dem Gebäude parken, denn mehr lässt der Parkautomat nicht zu.

Planen Sie mehr Zeit ein, so können Sie das Museum auch gut zu Fuß erreichen, da es nicht weit von der Innenstadt entfernt liegt.

Heimatmuseum Oberstdorf

Im Zentrum von Oberstdorf können Sie mithilfe des Heimatmuseums, welches über 38 Ausstellungsräume verfügt, eine Vielzahl an Eindrücken gewinnen und Informationen darüber bekommen, wie die Menschen damals im Allgäu gelebt haben. Das Museum bietet Ihnen die Möglichkeit zu sehen, wie die einfachen Bauersleute gelebt und gearbeitet haben, des Weiteren wird von Erkundungstouren der Gebirge berichtet. Das Highlight des Museums ist ein alter Skischuh, die Schuhgröße beträgt 480.

Kaufbeurener Stadtmuseum in Kaufbeuren

Im Kaufbeurener Stadtmuseum sind nicht nur Ausstellungsstücke aus der damaligen Zeit der Stadt zu finden, sondern auch Exponate aus verschiedenen Epochen. Startpunkt der Aufzeichnung ist das frühe Mittelalter. Das Museum bietet viele schöne Sachen für Kinder, die gerne Knöpfe drücken, Sachen entdecken und ausprobieren wollen.

Die Museen im Antonierhaus in Memmingen

Vor langer Zeit gab es einen Antonierordern, dieser hinterließ der Stadt Memmingen das Antonierhaus. In diesem findet man heutzutage zwei Museen. Einmal das Antoniermuseum, welches die Geschichte des Antonierordens und das Lebens in Memmingen vom 13. bis 16. Jahrhundert mittels verschiedener Exponate darstellt. Das andere Museum, das Strigel-Museum, stellt unzählige Bildhauerkünste und Gemälde der Künstlerfamilie Strigel aus.

Das Stadtmuseum in Memmingen

Das Stadtmuseum in Memmingen beinhaltet unzählige Ausstellungsstücke, die einen tiefen Einblick in die Geschichte Memmingens gewähren. Verschiedene Exponate erzählen zum Beispiel die Geschichte des jüdischen Lebens in der Stadt, bis hin zur Vernichtung der Juden durch das NS-Regime. Des Weiteren erhält man viele Informationen über das Leben der früheren Memminger Bevölkerung.

Das Heimatmuseum in Obergünzburg

In der Ortsmitte von Obergünzburg können Sie das Heimatmuseum mit angrenzender Südsee-Ausstellung auffinden. Das Heimatmuseum bietet Ihnen die Möglichkeit, Einblicke in die vergangene Zeit zu werfen. Die Ausstellung beinhaltet Ausstellungsstücke von der Römerzeit bis hin zur jüngsten Vergangenheit. Die anliegende Südsee-Ausstellung ist mit einigen Objekten der melanesischen Bevölkerung und Natur bestückt. Das liegt daran, das der Obergünzburger Kapitän Karl Nauer im 20. Jahrhundert die Südsee mit seinem Schiff erkundete und diese Objekte als Mitbringsel mit in seine Heimat brachte.
Die Vorstellung der Objekte ist kindgerecht, da es sowohl Film- als auch Audiomaterial gibt.

BURGEN UND SCHLÖSSER

Geheimtipp

Besichtigen Sie gerne Schlösser, Burgen und Ruinen, so gibt es eine Jahres- oder Mehrtageskarte der bayrischen Schlossverwaltung, welche Ihnen ermöglicht, mehr als vierzig derartige Sehenswürdigkeiten zu bestaunen. Die Jahreskarte, welche ab dem ersten Besuch und dann ein Jahr gilt, kostet pro Person 45 €. Die Karte als Familien- oder Partnerkarte kostet Sie 75 €. Ist Ihnen ein Jahr zu viel, können Sie sich auch für die Mehrtageskarte entschieden. Diese gilt ab dem ersten Besuch 14 Tage und kostet Sie als Einzelperson 30 €. Möchten Sie die Karte mit der ganzen Familie oder mit einem Partner teilen, kostet die Karte 56 €. Benötigen Sie weitere Informationen, können Sie die folgende Internetseite besuchen **www.schloesser.bayern.de**

Einführung

Vor langer Zeit existierten Adelshäuser, welche über das gesamte Allgäu verteilt waren und über Burgen und Schlösser verfügten. Die meisten der Burg- und Schlossanlagen sind heutzutage nicht mehr zu besichtigen, da sie entweder völlig zerstört oder in sehr schlechtem Zustand sind. Wollen Sie allerdings trotzdem einige imposante Bauten, welche seit Jahrhunderten im Allgäu verweilen, besichtigen, so finden Sie hier einige Beispiele:

Burgwelt Ehrenberg in Reutte

Die Burgwelt Ehrenberg, welche aus dem Ehrenberg und der Klause sowie den Festungsanlagen Schlosskopf und Fort Claudia bestehen, befindet sich nahe Reutte in Tirol. Dadurch, dass sich die Anlage jenseits der Allgäuer Alpen erhebt, stellten sich sowohl Bayern als auch Tirol lange Zeit die Frage, zu welchem Gebiet die imposanten Bauten gehören. Alle dazugehörigen Burgen sind frei für die Öffentlichkeit zugänglich, nur für das Museum muss man extra bezahlen. Die Anlagen sind kinderfreundlich angelegt, da Kinder hier immer wieder Abenteuerspielplätze auffinden können, außerdem sind auf Tafeln die Geschichten der Burgen illustriert und erklärt.

Die Burgwelt verfügt wortwörtlich über ein Highlight, da zwischen Fort Claudia und der Klause, welche ein Museum beinhaltet, die Hängebrücke Highline 179 verläuft. Diese ist mit 406 Metern Länge eine der längsten Hängebrücken der Welt, des Weiteren ist die Brücke nicht für Menschen mit

Höhenangst geeignet, da das Konstrukt bis zu 113 Meter hoch ist und stark wackeln kann. Der Gang über die Brücke ist kostenpflichtig.

Wer auf große Höhen lieber verzichtet, kann sich im Tal umschauen. Dort liegen direkt neben der Fernpassstraße die Klause, außerdem eine Talsperre und eine Zollstation aus dem 14. Jahrhundert. Die Klause beinhaltet, wie bereits angemerkt, das Burgmuseum, welches einen Einblick in das frühere Burgleben mittels Illustrationen, Bild- und Audioaufzeichnungen bietet. Kinder können hier zwischen verschiedenen Multimediapräsentationen wählen. Sie können zum Beispiel das hauseigene 3D-Kino besuchen oder Ritterrüstungen anprobieren. Im Tal findet man neben der Klause außerdem ein kleines Restaurant und einige schöne alte Gebäude.

Die Burgen Eisenberg und Hohenfreyberg bei Pfronten

In der Nähe von Pfronten können Sie zwei der größten und schönsten Burgruinen Bayerns erkunden. Die beiden Burgen wurden gegen Ende des Dreißigjährigen Krieges zusammen mit der Nachbarburg Falkenstein abgebrannt. Die beiden Burganlagen sind frisch saniert und erklären mithilfe von Karten und Tafeln die Geschichten der beiden Bauten. Die Ruinen sind weitläufig erkundbar, nur instabile Mauerpartien sind abgesperrt und unzugänglich. In Burg Eisenberg ist die ehemalige Raumeinteilung sehr schön zu sehen, vor allem die frühere Backstube, am Eingang der Anlage, ist gut erhalten.

Die beiden Burgruinen können am schnellsten von der Schlossbergalm aus erreicht werden. Der Fußmarsch dauert rund 20 Minuten. Bezwingt man den Weg von den Orten Eisenberg, Weizern oder Zell aus, so sollte man etwa 45-50 Minuten einplanen. Von Burg Eisenberg nach Burg Hohenfreyberg sind es rund fünf Minuten Fußweg.

Im Ort Zell befindet sich ein Burgmuseum, welches Objekte aus den beiden Burgen ausstellt. Das Museum hat ausschließlich an Wochenenden und Feiertagen geöffnet.

Burgruine Falkenstein in Pfronten

Nahe Pfronten liegt die Burgruine Falkenstein. Sie gilt als Nachbarruine der beiden Ruinen Eisenberg und Hohenfreyberg. Die Burgruine gilt als die am höchsten gelegene Ruine Deutschlands, denn sie liegt an einer furchterregenden Stelle auf dem Feldberg Falkenstein in 1277 Metern Höhe. Die Burg findet ihren Ursprung im Jahre 1280, als der Graf von Tirol diese erbauen ließ, um einen imposanten Eindruck zu hinterlassen und sein Gebiet zu untermauern. Damit die Burg nicht in Besitz der angreifenden Schweden kommen konnten, wurde sie 1646 abgebrannt.

Sofern Sie unter Höhenangst leiden, sollten Sie lieber eine andere Ruine besichtigen, dennoch lohnt sich der Besuch, denn die Aussicht aus einer derartigen Höhe ist wirklich unglaublich. Die Burg ist frei zugänglich und informiert im Inneren mittels Informationstafeln über die Geschichte der Burg. Des Weiteren kann man über einige Stufen auf eine Holzplattform steigen, welche eine 360° Panoramaaussicht auf die Alpenwelt bietet.

Die Burg kann vom Burghotel erreicht werden. Der Weg ist mithilfe von Geländern gesichert, trotzdem sollte man Schuhwerk mit gutem Profil tragen. Möchte man das Burghotel, welches nobel ist, erreichen, so kann man die Maulstraße nutzen. Das Burghotel besitzt ein kleines Burgmuseum. Dieses beinhaltet verschiedene Burgmodelle und Ritterrüstungen.

Möchte man die Burg über einen Wanderweg

erreichen, so kann man ab der Salober Alm über einen kurzen, aber knackigen Weg die Burg erreichen. Innerhalb von zehn Minuten kann man ab der Maulstraße die Schlossanger Alp, ein weiteres Hotel, erreichen. Von dort aus geht es in rund 20 Minuten auf steilen Wegen durch den Wald etwa 120 Meter in die Höhe. Wenn es nass ist oder Schnee liegt, ist das Wandern keine gute Idee.

Die Kronburg in der Gemeinde Kronburg

Im Unterallgäu, südlich von Memmingen, liegt die Gemeinde Kronburg. Etwa 50 Meter über dem schönen Ort, thront auf einem Berg das Schloss Kronburg. Die Besonderheit an diesem ist, dass es noch heute existiert und nicht zerstört ist. Im Nachbarort Illerbeueren finden Sie ein Bauernhofmuseum. Da das Schloss in Privatbesitz ist, muss man sich vorerst anmelden, um das Schloss zu besichtigen. Unter dem Schloss befindet sich ein Park mit Wildgehegen, in dem sich Rehe aufhalten. Das Schloss kann vom Ort Kronberg umlaufen werden. Sowohl die Terrasse als auch der Innenhof des Schlosses sind zugänglich.

Die Geschichte des Schlosses ist lang. Das Gebäude wurde im Jahre 1200 als Grünburg erbaut und immer wieder umgebaut. Die Burg wurde im 15.

Jahrhundert fast vollkommen zerstört, später aber wiederaufgebaut. Schloss Kronburg wurde, wie die meisten Allgäuer Burgen und Schlösser im Dreißigjährigen Krieg, demoliert und wieder repariert.

Die Besonderheit des Ortes Kronburg ist die Brauerei Kronburg, da hier nicht nur ein schön dekoriertes Gebäude steht, sondern auch eines der besten Biere gebraut wird, nämlich das Kronburger.

Die Burgruine in Aitrach

Die Ruine Marstetten liegt oberhalb von Memmingen und ist am besten vom Parkplatz, welcher an der Straße nach Bad Wurzach liegt, zu erreichen. Sobald Sie das Gelände der ehemaligen Burg erreicht haben, können Sie eine gut erhaltene Vorburg von außen erkunden. Diese ist allerdings, wegen Einsturzgefahr, nicht frei zugänglich.

Die Burg wurde während des 11. und 12. Jahrhunderts erbaut, aber im Dreißigjährigen Krieg von den Schweden zerstört. Aufgrund dessen ist vom ältesten Teil der Burg nichts mehr erhalten. Der neuere Teil liegt in Ruinen und kann besichtigt werden, des Weiteren findet dort im Innenhof jährlich ein Mittelalterfest statt. Wer die Burg umwandern möchte, kann dies über den Aitracher Höhenweg tun, dieser ist rund fünf Kilometer lang. Unterhalb der Burg, an der Hauptstraße, befindet sich das Gasthaus Löwen samt Streichelzoo.

Die Mindelburg in Mindelheim

70 Meter über der Stadt Mindelheim liegt die Mindelburg. Sie befindet sich im Privatbesitz und ist vollständig erhalten. Grund hierfür ist, dass sie kein Original ist, sondern wiederaufgebaut und immer wieder erneuert wurde.

Die ursprüngliche Mindelburg wurde im 12. Jahrhundert erbaut, brannte aber im 14. Jahrhundert nieder. Aufgrund dessen wurde die Burg im Jahre 1370 neu errichtet und abermals durch die Schweden im Dreißigjährigen Krieg zerstört. Im 19. Jahrhundert, in der Romantik, wurde die Burg, in diesem Stil, wiedererrichtet. Bei Restaurierungen in den 1970er Jahren erhielt die Burg ihre charakteristischen Züge, welche vor der Zerstörung durch die Schweden bekannt waren, wieder zurück. Die Burg besteht aus mehreren Gebäuden und besitzt einen Bergfried, welcher rund 24 Meter hoch ist und einen perfekten Panoramablick bietet. Im Burginnenhof befindet sich ein Gasthaus.

Das Schloss Neuschwanstein in Schwangau

In Schwangau bei Füssen befindet sich das weltberühmte Traumschloss Neuschwanstein von König Ludwig II. Das Schloss, welches im Baustil der Neuromantik gebaut wurde, ist von außen sehr imposant. Im Inneren der Festung stößt man immer wieder auf Gemälde der Opern von Richard Wagner, aber man findet auch haufenweise Gold, samtenes Mobiliar und Marmor. Um die Schönheit des Schlosses widerzuspiegeln, reichen Worte allerdings nicht aus, daher sollten Sie selbst einmal ein Auge in den erstaunlichen Prachtbau werfen.

Möchten Sie das Schloss erreichen so können Sie zu Fuß gehen oder den Bus nehmen. Möchten Sie den Aufstieg romantisch gestalten, können Sie mit einer Pferdekutsche den Weg erklimmen. Zu Fuß brauchen Sie etwa 30 bis 40 Minuten.

Das Schloss Hohenschwangau in Hohenschwangau

Gegenüber des imposanten Schlosses Neuschwanstein liegt das Schloss von König Ludwigs Eltern. Es ist im Baustil der Neugotik errichtet, liegt etwas unterhalb und ist kleiner als die Festung des Sohnes. Das Schloss kann zusammen mit dem Schloss Neuschwanstein oder als Alternativprogramm besichtigt werden, sofern Neuschwanstein zu besucht ist.

In der Nähe des Schlosses liegt der gleichnamige Ort Hohenschwangau. Dieser unterhält seit 2011 ein Museum, in welchem Sie eine Vielzahl an Exponaten und Gold besichtigen können. Das Museum gilt oftmals als weniger besucht als die beiden Schlösser, bietet Ihnen jedoch ebenfalls einen tiefen Einblick in die Geschichte von König Ludwig II. und seinen Eltern. Sie können im Ort allerdings nicht nur das Museum finden, sondern auch den Ticketverkauf für die beiden Schlösser, Restaurants, Souvenirläden, romantische Pferdekutschen und, ganz wichtig, Parkplätze.

Top 3 Brauereien im Allgäu

EINFÜHRUNG

Die Geschichte des Allgäuer Biers ist lang, denn sie reicht bis in die Zeit der Kelten. Diese brauten schon vor rund 2.000 Jahren ihr eigenes Bier in hauseigenen Brauereien. Der Grund, warum man heutzutage gewerblich Bier braut, ist wahrscheinlich Karl der Große. Dieser gründete etwa 800 Jahre nach den Kelten ein Reichskloster, in welchem das erste gewerbliche Bier gebraut wurde.

Jetzt, wo wir die Geschichte über das Bier kennen,

kann man feststellen, dass das Bier und die Berge schon immer in einer großartigen Beziehung standen und dies heutzutage noch immer der Fall ist, denn etwa 600, und somit knapp die Hälfte aller deutschen Brauereien, liegen in Bayern.

Allein im Allgäu befinden sich über 30 tolle Brauereien, welche die Bierliebhaber mit Leidenschaft im Brauen überzeugen wollen. Viele der existierenden Brauereien brauen noch immer nach Familienrezeptur und verfolgen dabei ihre eigenen Stile.

ANMERKUNG

Sollten Sie unter 16 Jahre alt sein, so empfehle ich Ihnen, die nachfolgenden Rangfolgen zu überspringen und beim Thema „Käsereien" weiterzulesen. Des Weiteren ist die Rangfolge vom Autor persönlich nach seinem Geschmack gewählt und dient nur als Beispiel. Fakt ist, dass weitaus mehr gute Brauereien im Allgäu existieren und jeder Konsument einen eigenen Geschmack hat.

PLATZ 3: DIE ENZIANHÜTTE IN DER NÄHE VON OBERSTDORF

In der Nähe von Oberstdorf in rund 1.800 Höhenmetern befindet sich die Enzianhütte, die höchste Mini-Brauerei Europas. Um die Hütte zu erreichen, starten Sie vom Parkplatz der Fellhornbahn und laufen in Richtung Birgsau-Einödsbach. Folgen Sie dem Weg, welcher durch Wälder und über Wiesen führt, etwa 3,5 Stunden und Sie werden mit dem traditionellen dunklen Weizenbier „Der Gipfelstürmer", wie es passend heißt, belohnt.

Der Grund, warum dieses einzigartige Erlebnis nur auf Platz 3 landet, ist folgender: Der Fußmarsch ist erstens sehr lang und kann zweitens schnell zur Gefahr werden. Die Betreiber der Hütte empfehlen, festes Schuhwerk anzuziehen und Wanderstöcke mitzunehmen. Des Weiteren sollten Sie unbedingt schwindelfrei und trittfest sein. Zuletzt sollten Sie bei Schnee- oder Regenfällen unbedingt zuhause bleiben, da nasse Felsstücke schnell zu einer Trittfalle werden können.

Möchten Sie auch einmal in den Genuss des Gipfelstürmers in 1.800 Metern kommen, so finden Sie auf der Internetseite der Brauerei eine genaue Wegbeschreibung. Die Domain lautet **www.enzianhuette-oberstdorf.de**

PLATZ 2: DIE BRAUEREI SCHÄFFLER IN MISSEN

Wenn Sie in Missen unterwegs sind, oder diesen Ort passieren, so sollten Sie sich unbedingt einmal die Brauerei des Schäffler-Biers anschauen, denn diese bietet nicht nur Führungen, sondern auch warme Küche an. Während der Führung wird Ihnen nicht nur erklärt, was es mit dem Begriff „Flüssiges Brot" auf sich hat und was das Reinheitsgebot vorgibt, sondern Sie erfahren auch, warum der sogenannte „Bierbauch" nur ein riesiges Missverständnis ist. Im anliegenden Gasthof können Sie, wie bereits angemerkt, täglich warme Küche und das hauseigene Bier in Anspruch nehmen.

Dadurch, dass die Führungen nur jeden Dienstag und ab einer Personenanzahl von mindestens 10 Personen stattfindet, ist die Brauerei „nur" auf Platz 2.

Möchten Sie weitere Informationen über die

Schäffler Brauerei bekommen, so können Sie diese auf **www.schaeffler-braeu.de** bekommen.

PLATZ 1: DIE DAMPFBIERBRAUEREI IN OBERSTDORF

Wenn Sie sich zurzeit in Oberstdorf aufhalten, oder einen Besuch des Dorfes planen, so statten Sie der Dampfbierbrauerei doch einmal einen Besuch ab. Das Bier wird hier, auch wenn der Braumeister etwas anderes behauptet, nach einem komplizierten und speziellen Verfahren gebraut.

Damit der kostbare Hopfenblütentee gebraut werden kann, muss zuerst das Malz hergestellt werden. Ist das Malz fertig, wird es geschrotet und zusammen mit Wasser in der sogenannten „Sudpfanne" erhitzt. Das Gemisch aus Wasser und Malz nennt sich „Maische". Durch die Erhitzung der Maische werden Gärstoffe, Maltose und Treber, der unauflösliche Bestandteil, freigesetzt. Die Bestandteile welche sich nicht auflösen werden aus der Sudpfanne abgepumpt. Was übrig bleibt, ist ein alkoholfreier würziger Saft. Dem gewürzten Saft wird nun Hopfen beigefügt, um das Gemisch in der Würz-pfanne zu sieden. Ist das Verdampfen erfolgt, so wird das Biergas mithilfe von Eiswasser auf acht Grad Celsius abgekühlt. Befindet sich der Saft konstant auf der gewünschten Temperatur, so kann der Gärungs-prozess durch die Zugabe von Bierhefe beginnen. Es dauert zwischen sechs und sieben Tagen, bis der größte Teil des Malzzuckers zu Alkohol und Kohlen-säure umgewandelt ist. Damit das Flüssigschnitzel seinen vollen Geschmack entfalten kann, reift das Bier noch drei bis vier Wochen im Gärkeller. Damit alle enthaltenen Inhaltsstoffe und Vitamine beste-hen bleiben, wird das Bier vor dem Ausschenken nicht filtriert. Erinnern Sie sich noch an den Treber? Dieser wird keinesfalls einfach entsorgt, denn er fin-det sein Ziel beim Bäcker. Der Bäcker backt mithilfe des unauflöslichen Bestandteils das leckere Brau-meisterbrot.

Die Dampfbierbrauerei bietet neben dem be-sonderen Bier auch warme Küche und Führungen an, diese finden allerdings nur jeden Mittwoch statt und erfordern eine Personenanzahl von mindestens 10 Personen. Die Teilnahme ist jedoch kostenlos.

Waren dies noch nicht genug Informationen

über die Herstellung des Trinkgoldes, so können Sie gerne die Internetseite der Dampfbierbrauerei unter "**www.dampfbierbrauerei.de**" besuchen.

Top 3 Brennereien im Allgäu

EINFÜHRUNG

Sie möchten Schnaps aus dem Allgäu kaufen? Dann finden Sie hier drei gute Brennereien, bei denen Sie dies tun können. Viele der Brennereien haben eine meist endlos erscheinende Programmtiefe. Dies liegt daran, dass es teils eine Vielzahl an unterschiedlichen Edelbränden, Edelschnäpsen, Likören oder Premiumbränden gibt.

Da im Allgäu haufenweise frisches Obst gedeiht,

wird hauptsächlich guter Obstbrand hergestellt. Aber sagt Ihnen dieser nicht zu, so können Sie auch zu einem leckeren Haselnuss- oder Heuschnaps greifen.

ANMERKUNG

Sollten Sie noch unter 18 sein, so müssen Sie leider auf den Genuss der Allgäuer Spirituosen verzichten. Des Weiten ist zu empfehlen, dass Sie Ihre Grenzen kennen und nur für den Genuss trinken. Zuletzt gilt auch hier wieder, ebenso wie beim Brauerei-Ranking, dass der Geschmack des Autors, des Ihrem möglicherweise abweicht. Aufgrund dessen gilt diese Rangfolge wieder nur als Beispiel, um Ihnen zu zeigen, wie viel Herzblut die Allgäuer in ihre Berufe stecken, um Ihnen das bestmögliche Ergebnis zu präsentieren.

PLATZ 3: DIE SCHAUBRENNEREI FINK IN OPFENBACH

Sie interessieren sich für die Herstellung und Verkostung von Edelbränden? Dann sind Sie hier in Opfenbach genau richtig, denn der Betrieb, welcher unter der Führung der Familie Fink liegt, bietet Führungen an. Der Rundgang durch die Brennerei findet in Gruppen bis maximal 50 Personen statt. Geführt wird jederzeit nach kurzer telefonischer Anmeldung oder immer mittwochs, 10:00 bis 16:00 Uhr, allerdings nur von Juni bis Oktober.

Eben, weil Sie einen guten Einblick in das Brennen von Spirituosen erhalten, sollten Sie etwas Zeit einplanen. Für das Schaubrennen sind 1,5 Stunden angesetzt, danach können Sie in der Verkostungsstube eine Vielzahl an leckeren hochprozentigen Shots probieren und nebenbei eine deftige süddeutsche Mahlzeit, die Vesper, zu sich nehmen.

Die Produkte, die der Betrieb anbietet, sind unterschiedlich. Sie erhalten die Möglichkeit im Schauraum, welcher auch ohne vorherige Führung besucht werden kann, sowohl Edelbrände als auch Liköre, gebrannt aus Obst, zu kaufen. Des Weiteren können Sie aus Raritäten, wie der Betrieb die Produkte nennt, wählen. Das sind zum Beispiel der Bierbrand oder der gute Heuschnaps.

Sollte die Brennerei Ihr Interesse geweckt haben, so besuchen Sie gerne einmal die Internetseite unter "**www.schaubrennerei-fink.de**".

PLATZ 2: DER OBSTHOF STRODEL IN WEIßENSBERG

In Weißensberg, in der Nähe von Lindau am Bodensee, erhalten Sie die Möglichkeit, einen Obsthof zu besuchen. Der Hof, welcher mittlerweile in der vierten Generation existiert, baut nicht nur Obst, sondern auch Christbäume an, welche in der Weihnachtszeit verkauft werden.

Im hauseigenen Hofladen können Sie nicht nur zwischen vielen selbst hergestellten Produkten, wie zum Beispiel Edelbränden wählen, sondern finden auch andere hochwertige Produkte von Bauern aus der Region. Der Hofladen bietet eine schöne freundliche Atmosphäre, welche Ihnen vor allem durch das zuvorkommende Personal geboten wird.

Möchten Sie gerne selbst einmal einen Blick in

diesen Hofladen werfen, so informieren Sie sich gerne auf der Homepage des Unternehmens. Gefunden werden kann der Obsthof unter "**www.obsthof-strodel.de**".

PLATZ 1: DIE HAUSBRENNEREI PENNINGER IN HAUZENBERG

Sind Sie an einer Brennerei mit langer Geschichte interessiert? Dann werfen Sie doch einmal einen Blick in die Hausbrennerei Penninger. Die Brennerei, welche schon seit über 100 Jahren unter Führung der Familie steht, befindet sich in Hauzenberg. Der Betrieb macht ihrem Leitspruch, nämlich „Echt Bayern. Echt Penninger." alle Ehre, denn es werden nur Zutaten aus der bayrischen Region verwendet.

Auf der Internetseite des Unternehmens heißt es, dass die Mitarbeiter sich als Botschafter der bayrischen Lebensart sehen, eben weil sich alle, der 60 Angestellten, das Ziel setzten, mit aller Kraft das Unternehmen in Erfolg zu rühmen.

Die Programmtiefe des Betriebes ist weit ausgebaut, denn Sie können nicht nur aus einer Vielzahl an Edelbränden und Likören wählen, sondern finden auch Whiskey, Rum, Essig und Fleischwaren.

Sollten Sie ein Fan von edlen Spirituosen und regionalen Produkten, wie zum Beispiel Blutwurst sein, so sollten Sie auf jeden Fall einmal auf der Internetseite **"www.Penninger.de"** vorbeischauen.

Im Allgäu ist alles Käse

EINFÜHRUNG

Genauso wie Topf und Deckel, passen auch das Allgäu und der Käse zusammen. Aufgrund der limitierten Haltbarkeit von Rohmilch gab es schon bald, nach Einführung der Milchwirtschaft, in jeder Allgäuer Ortschaft eine Käserei.

In den Käsereien wurde die Milch von den umliegenden Bauern gesammelt, um daraus schließlich leckeren Käse herzustellen. Da die Käser darauf achteten, dass sowohl Käse als auch Molke gerecht verteilt werden, erhielten sie ein hohes Ansehen.

Laut den Chroniken von Weitnau kommt das Fachwissen über die Herstellung von Käse aus Italien und der Schweiz. Es heißt, dass zweit- und drittgeborene Bauernsöhne auf Schmugglerpfaden in den Alpen gearbeitet haben und der Käse so schlussendlich nach Bayern kam.

Im Norden heißen die Käsereien übrigens Holländereien oder Meiereien, da die Holländer uns das Wissen über die Herstellung von Käsespezialitäten gelehrt haben.

Heutzutage sind einige der damals so kleinen Käsereien zu großen Konzernen herangewachsen oder von der Bildfläche verschwunden. Nichtsdestotrotz können Sie vor allem im Westallgäu, noch immer derartige Käsereien finden und besuchen.

Im Folgenden stelle ich Ihnen ein paar größere und kleinere Käsereien vor und biete Ihnen die Möglichkeit, diese im Internet oder persönlich zu besuchen.

ANMERKUNG

Viele der Sennereien bieten Ihnen die Chance, live bei der Herstellung der Käseräder dabei zu sein. Des Weiteren können Sie, sofern Sie einmal keine Möglichkeit haben, eine Käserei zu besuchen, ganz einfach von zuhause aus bei den meisten Sennereien im Online-Shop bestellen.

DIE SENNALPE THALHOFER BERG IN MISSEN

In Missen, auf 850 Höhenmetern, finden Sie die Sennalpe Thalhofer Berg. Diese wird von Anfang Mai bis zum Ende des Oktobermonats mit einer großen Menge an Tieren, vor allem Kühen, bewirtschaftet. Die Milch wird sowohl vom Hirten und Senner Christoph als auch von der Sennerin Moni, zu Käse und Butter verarbeitet.

Da die Alpe zur Partneralpe der Alpgenuss e. V. zählt, werden Ihnen nur frische und regionale Produkte geboten. Des Weiteren können Sie nicht nur die selbst hergestellten Produkte kaufen, sondern auch die Brotzeiten von Wirtin Angelika in Anspruch nehmen.

Sollte das Wetter einmal nicht mitspielen, stellt das gar kein Problem dar, da die hauseigene Stube zum Verweilen einlädt. Außerdem können Sie die Alpe ganz einfach mit dem Auto erreichen, da es keine Einschränkung der Befahrung gibt.

Möchten Sie die ruhige Atmosphäre selbst einmal erleben, so werfen Sie einen Blick auf die Internetseite der Alpe. Die Domain lautet **www.alpgenuss.de**

DIE HEUMILCH SENNEREI IN RUTZHOFEN

Im Jahre 2012 wurde die Heumilch Sennerei sowohl für ihren Allgäuer Bergkäse, als auch für den Allgäuer Emmentaler, welcher ausschließlich im Allgäu hergestellt werden darf, von der Deutschen Landwirtschafts-Gesellschaft (DLG) ausgezeichnet. Beide Käsesorten erhielten das goldene Siegel.

Die Rezeptur, welche dem Käse den fantastischen Geschmack verleiht, besteht vorwiegend aus der Heumilch. Die Milchkühe erhalten von den Bauern nur das Beste. Die Kühe grasen im Sommer auf den saftigen Wiesen und erhalten nebenbei Futter und das ganz ohne Gentechnik. Im Winter, wenn sich die Kühe in den Ställen befinden, verfüttert der Landwirt jeden Tag frisches und selbst eingebrachtes Heu. Das Futter ist für alle Landwirte in der Umgebung der Westallgäuer Käsestraße eine Grundlage und Tradition, welche auf keinen Fall gebrochen wird.

Dadurch, dass die Sennerei die Milch von neun Milchlieferanten bezieht, kommen im Jahr rund 1,4 Millionen Liter Milch zusammen. Diese Zahl entspricht ungefähr 9.333 Badewannen, wenn man davon ausgeht, dass eine Badewanne ein Volumen von 150 Litern fasst.

Die Geschmäcker der Käsesorten können von Sennerei zu Sennerei abweichen, das liegt daran, weil die Gräser und Kräuter auf den Wiesen unterschiedlich sind. Deswegen ist jeder Käse, egal von welcher Sennerei, ein Unikat.

Sie möchten selbst in den Geschmack des, wortwörtlich, ausgezeichneten Käses kommen, dann besuchen Sie doch einfach mal die Internetseite unter **www.sennerei-rutzhofen.de**

DAS KÄSHÜS IN OBERSTDORF

Sollten Sie einmal Oberstdorf besuchen, so sollten Sie auch einmal beim Käshüs vorbeischauen. Die Sennerei stellt nicht nur Käse her, sondern bietet Ihnen auch die Möglichkeit im hauseigenen Café deftige Mahlzeiten zu sich zu nehmen.

Das Geheimnis, welches den Käse so lecker macht, liegt hauptsächlich am ikonischen braunen Weidevieh, allerdings auch an der Herstellung und der Reifung. Die Kühe des Käshüs verfügen noch über die typischen Hörner und werden, ebenso wie die Tiere an der Käsestraße, mit Futter, komplett frei von Gentechnik, und Weidegras gefüttert.

Die Kühe werden regelmäßig gemolken. Die entstandene Rohmilch wird direkt zu Käse verarbeitet und dann zum Reifen in den Keller gebracht. Damit der Käse einen einzigartigen Geschmack erhält, wird er täglich mit Meersalzlösung eingeschmiert.

Die sechs schönsten Gebirge

ANMERKUNG

Die Gebirge, welche hier aufgeführt sind, gelten als Spaßorte für die gesamte Familie, dennoch gibt es auch Gebirge, die eine gewisse Professionalität im Radfahren, Wandern oder Skifahren erfordern. Aufgrund dessen sollten Sie sich, sofern diese Liste nicht ausreichend ist und Sie noch weitere Berge besichtigen wollen, vorher ausgiebig über die nötige Ausrüstung, wie zum Beispiel festes Schuhwerk und Wanderstöcke, informieren. Um Dehydration vorzubeugen, sollten Sie immer genügend Proviant und Flüssigkeit bei sich führen. Des Weiteren kann eine Verletzung schnell vorkommen, deshalb sollten Sie ein Smartphone dabeihaben, um im Notfall schnell Hilfe zu rufen. Eckdaten zu den meisten Gebirgen finden Sie auf **www.deineberge.de**

DER SCHWARZE GRAT IN ISNY

Der Schwarze Grat, welcher rund 1.118 Höhenmeter misst, ist der höchste Berg der Adelegg, einer bewaldeten Berglandschaft innerhalb des West- bzw. Oberallgäus. Um den Berg zu besteigen, muss man, je nach Route, zwischen 2,5 und 4,5 Stunden einkalkulieren, da keine Bergbahn vorhanden ist.

Eine dieser Routen nennt sich zum Beispiel „Erlebnisweg". Diesen Namen trägt der Weg nicht umsonst, denn er bietet aufgrund seiner geringen Steigung eine tolle Grundlage für Amateur-Biker bzw. Wanderer. Des Weiteren befinden sich auf dem Gipfel ein 28 Meter hoher Aussichtsturm mit Kiosk, ein Abenteuerspielplatz für die Kleinen und die Alpe Wengeregg.

DER HOCHGRAT IN
OBERSTAUFEN

Der Hochgrat bietet mit seiner Höhe von rund 1.850 Metern eine perfekte Möglichkeit für Wanderinteressierte.

Der Berg verfügt über einige Rundwege, von denen Sie die Täler überblicken können. Ein Beispiel für eine dieser Wanderrouten ist der "Luftige Grat". Der Weg, welcher sich auf zehn Kilometern erstreckt, stellt Ihnen einige schöne Aussichtspunkte zur Verfügung. Außerdem finden Sie verschiedene Gastronomieangebote, wie zum Beispiel die Falkenhütte oder das Staufner Haus.

Damit Sie nicht allzu viel Zeit einplanen müssen, können Sie mit der Bergbahn bequem hinauf- und herunterfahren.

DAS OFTERSCHWANGER HORN IN OFTERSCHWANG

Das Ofterschwanger Horn liegt, wie der Name schon verdeutlicht, in Ofterschwang und misst circa 1.400 Meter. Um eine Vielzahl von Freizeitangeboten in Anspruch zu nehmen, bietet der Berg Ihnen eine Bergbahn.

Für die Rundwege, welche Ihnen geboten werden, sollten Sie zwischen ein und drei Stunden einkalkulieren. Möchten Sie eine Gipfelwanderung machen, so sollten Sie sogar bis zu sechs Stunden einberechnen.

Ist das Wandern nichts für Sie, dann können Sie mit der ganzen Familie Frisbee-Disc-Golf spielen oder mit einem Downhillroller den Berg herunterfahren.

Wenn Sie gerne bequem die Aussicht genießen möchten, dann können Sie dies in einer der vielen Gastronomien tun. Zum Beispiel finden Sie die Pizzeria Cortina oder die Weltcuphütte.

DAS FELLHORN IN OBERSTDORF

Das Fellhorn in Oberstdorf, welches etwa 2.000 Meter misst, bietet Ihnen nicht nur ein Rundumpaket für Klein und Groß, sondern auch eine Bergbahn.

Wenn Sie das Wandern wirklich lieben, so können Sie von der Tal- bis zur Bergstation wandern. Um diese noch bei Tageslicht zu erreichen, sollten Sie morgens, wenn die Bergbahn öffnet, losgehen, denn der Aufstieg dauert rund sieben Stunden. Möchten Sie gern ein wenig zeitlichen Aufwand einsparen, so können Sie auch eine andere Route wählen, welche nur zwischen ein und vier Stunden in Anspruch nimmt.

Sind Sie kein Fan von langen Gehwegen, dann können Sie eines der vielen anderen Angebote annehmen. Sie können zum Beispiel eine botanisch-geologische Führung mitmachen. Diese lohnt sich vor allem im Spätsommer, wenn der gesamte Berg aufgrund der Gebirgsrose in rosa Farbe getränkt ist. Außerdem kann man jeden Dienstag und Donnerstag die Arbeit eines Senners begutachten und schmecken. Dieses Angebot findet in der Käserei der Schlappoldalpe statt. Die Kinder dürfen natürlich nicht zu kurz kommen, deswegen gibt es eine Wasserattraktion an der Kanzelwand. Diese nennt sich „Burmiwasser" und besteht aus Wasserschiebern und Wasserrädern.

Möchten Sie einfach ohne große Action die Aussicht genießen, so sollten Sie auf jeden Fall das Panoramarestaurant an der Kanzelwand besuchen.

DAS NEBELHORN IN OBERSTDORF

Das rund 2.200 Meter hohe Nebelhorn in Oberstdorf bietet tolle Attraktionen. Sie können viel wandern, essen und anderweitige Aktionen in Anspruch nehmen.

Die beste Attraktion des Nebelhorns, welche ich selbst schon erleben durfte, ist das Gleitschirmfliegen. Das klingt erst einmal, wenn man die Höhe in Anbetracht zieht, furchterregend, doch wenn man erst mal im Gurt sitzt, ist die Angst wortwörtlich verflogen. Falls Ihnen dies zusagt, dann können Sie sich zwischen verschiedensten Angeboten entscheiden. Genauere Informationen finden Sie unter **www.himmelsritt.jetzt.de**

Möchten Sie im Sommer gerne einmal auf einer Höhe von knapp 1.650 Metern baden und die Aussicht genießen? Dann können Sie dies im Seealpsee tun.

Wenn Ihnen die Aussicht zusagt, dann können Sie bis hoch zum Gipfel fahren und in der Nebelhorn-Gipfelhütte speisen. Von dort aus können Sie bei gutem Wetter bis zu 400 Gipfel bestaunen.

DER GRÜNTEN IN BURGBERG

Der Grünten, welcher auch als „Wächter des Allgäus" bezeichnet wird, ist 1.738 Meter hoch. Den Namen trägt der Berg nicht ohne Grund, denn vom Gipfel aus hat man einen perfekten Blick in alle Ecken der Allgäuer Region.

Der Berg verfügt leider über keine Bergbahn und muss daher zu Fuß bestiegen werden. Dies dauert je nach Route maximal vier bis fünf Stunden.

Auf dem Gipfel des Berges können Sie Restaurants finden, das sind zum Beispiel die Grüntenhütte oder die Alpe Kammeregg.

Wenn Höhe nicht so Ihr Ding ist, dann können Sie auch entspannt am Fuße des Berges die

Starzachklamm besichtigen. Hier finden Sie viele schöne Wasserfälle.

Drei sehenswerte Städte im Allgäu

FÜSSEN IM OSTALLGÄU

Füssen, eine Stadt, die vor allem für das Schloss Neuschwanstein, welches sich in der Nähe befindet, bekannt ist, liegt im Ostallgäu und bietet selbst auch ein paar sehenswerte Orte:

In der Altstadt können Sie beispielsweise das Kloster St. Mang ansehen. Dieses beinhaltet die Magnuskirche mit einer historischen Krypta. Die Krypta ist ein unterirdischer Raum einer romanischen Kirche, welcher als Grabstätte von Geistlichen, oder zum Lagern von Relikten diente. Gegenüber vom

Kloster können Sie einen Hügel finden. Auf diesem befindet sich das Hohe Schloss, welches die Staatsgalerie beschäftigt und einen schönen Terrassengarten pflegt. Suchen Sie einen Ort zum entspannten Spazieren, so können Sie über den alten Stadtfriedhof, entlang der mittelalterlichen Stadtmauer, bis hin zum Kalvarienberg gehen. Der Kalvarienberg ist eine schöne botanische Anlage mit Aussichtspunkten auf die beiden Königsschlösser Hohenschwangau und Neuschwanstein.

MEMMINGEN IN OBERSCHWABEN

Memmingen, eine Stadt mit langer Geschichte, findet ihren Ursprung in der Römerzeit. Noch heute finden Sie hier die guterhaltene Stadtmauer, welche mithilfe von schönen Stadttoren in die Altstadt lockt. Sind Sie in der Innenstadt angelangt, so können Sie eine Vielzahl an schönen Gebäuden finden. Die meisten tragen entweder kleine Türme oder Giebel, außerdem werden die Gebäude in schöne Fassaden gehüllt. Nicht nur die Häuser bieten Ihnen eine angenehme Atmosphäre, sondern auch der Stadtbach, welcher die Stadt durchfließt.

Auch in Memmingen sind schöne und sehenswerte Orte zu finden. Zum Beispiel die Spitalkirche, eine mittelalterliche Hospitalstiftung, welcher ehemals ein Kloster angehörte. Im Gebäude der Kirche findet man noch heute den Kreuzherrnsaal. Der Saal, welcher stilistische Mittel der Gotik und des Barocks beinhaltet, ist von Stuck und Fresken übersät.

Stuck wird seit der Antike zum Verputzen von Gewölben und zur Gestaltung von Fassaden von kirchlichen Gebäuden verwendet. Die imposanten Malereien, wie sie oftmals an den Decken von Kirchen vorkommen, nennt man Fresken. Es sind Malereien, die auf den frischen Kalkputz aufgetragen werden. Der Putz muss frisch sein damit es zu einer chemischen Reaktion, der Carbonatisierung, kommen kann. Diese sorgt dafür, dass sich die Farbpigmente mit dem Putz verbinden und über Jahrhunderte halten. Des Weiteren können Sie wichtige Gotteshäuser, wie zum Beispiel die evangelisch-lutherische Frauenkirche besichtigen. Diese zeigt Ihnen wunderschöne Fresken der Künstlerfamilie Strigel (Vgl. zu den Museen im Antonierhaus in Memmingen) aus dem 15. Jahrhundert.

Sollten Ihnen die Gotteshäuser nicht zusagen, so

können Sie sich im Stadtpark erholen und frische Luft schnuppern, oder über den alten Friedhof, welcher aus dem 16. Jahrhundert stammt und heute eine Parkanlage darstellt, gehen und die Grabstätten einiger wohlhabender Ex-Memminger begutachten.

KEMPTEN, DIE GRÖßTE ALLGÄUER STADT

Die Stadt Kempten, welche ihren Ursprung in der Römerzeit findet (Vgl. zum archäologischen Park Cambodunum), ist sowohl die älteste urkundlich genannte Stadt Deutschlands als auch die größte Stadt im Allgäu. Da die Stadt so alt ist, bietet Sie Ihnen ein paar schöne Sehenswürdigkeiten mit italienischem Touch. Dazu gehören sowohl die St. Lorenz Basilika, welche im Barockstil erbaut wurde und die St. Mang Kirche. Die genannte Kirche ist das Zentrum der Reformation aus dem Jahre 1527 im Allgäu. Die Reformation begann in Deutschland vorwiegend wegen des Anschlagens der 95 Thesen durch Martin Luther an die Kirchtür der Schlosskirche zu Wittenberg im Jahre 1517.
Sollte das zu viel Geschichte für Sie sein, können Sie

sowohl entspannt durch die Innenstadt von Kempten flanieren als auch zahlreiche schöne Geschäfte oder das „Forum Kempten", ein großes Kaufhaus, besuchen.

Übrigens lässt Kempten Sie einen studentischen Flair verspüren. Das liegt daran, da die 70.000-Einwohnerstadt rund 19.000 Schülerinnen und Schüler zählt. Davon sind allein 6.000 Studenten. Die Studentinnen und Studenten studieren in 18 Bachelor- und 14 Master-Studiengängen auf einem Hochschulgelände, welches 53.000 qm misst. Diese Fläche entspricht etwa der Fläche von 7,5 Fußballfeldern (1 FBF = 68x105 m, also 7140 qm).

Typisch Allgäuer Gastronomie

EINFÜHRUNG

Das Allgäu hat nicht nur äußerlich viel zu bieten, sondern verzaubert auch mit inneren Werten.

Auf einer Fläche von rund 5.600km² finden Sie mehr als 400 Restaurants, Cafés und Bars.

Der Bereich der Gastronomie reicht von Edelgastronomien, über die Naturgastronomie, womit vorwiegend die fabelhaften Ausblicke gemeint sind, bis hin zur Gaudi-Gastronomie.

Im Folgenden finden Sie ein paar schöne

Restaurants, die Ihnen all das bieten, was Sie suchen.

ANMERKUNG

Da ich alle der hier aufgelisteten Restaurants schon einmal besucht habe, kommen die Einschätzungen von mir persönlich und stellen keine Werbung dar. In der Auflistung finden Sie ausschließlich Restaurants in und um Oberstdorf, da ich die Region am besten kenne. Möchten Sie eine große Auswahl an Restaurants im Allgäu finden und sich über diese informieren, so besuchen Sie **www.oberallgaeu.de**.

Eckdaten, wie zum Beispiel Gründungsjahr oder Köche, sind oftmals von den jeweiligen Internetseiten übernommen. Diese werden Ihnen allerdings auch nochmal im Schlusswort vermerkt, damit Sie einen vollständigen Überblick über die genannten Restaurants erhalten.

VIER RESTAURANTS IN UND UM OBERSTDORF

In Oberstdorf, der südlichsten Gemeinde Deutschlands, finden Sie nicht nur hervorragendes Bier und leckeren Käse, sondern auch schöne Restaurants mit angenehmer Atmosphäre.

Das Maximilians in Oberstdorf

Das Maximilians zählt zu der Gourmet-Gastronomie und das nicht ohne Grund, denn hier werden Sie vom Sternekoch Tobias Eisele und seinem Team bekocht. Außerdem wurde das Restaurant mit einem Michelin-Stern ausgezeichnet. Die Sternvergabe erfolgt durch den Reise- und Hotelführer „Guide Michelin".

Tobias Eisele, welcher gebürtig aus Oberschwaben stammt, hat seine Liebe zum Kochen in verschiedensten französischen Küchen entdeckt. Zusammen mit seinem Team verfolgt er eine besondere Philosophie. Diese gibt vor, dass die Gerichte vor allem aus alten Obst- und Gemüsesorten, Urgetreiden und Wildkräutern zusammengesetzt sind. Eben diese Philosophie wird von Eisele mit einer Prise Internationalität, wie es auf der Internetseite des Maximilians heißt, gepaart. Des Weiteren ist es dem Oberkoch sehr wichtig, dass sowohl florale als auch fruchtige und gemüsige Aromen mit einbezogen werden. Florale Noten werden aus verschiedensten Blüten gewonnen.

Dorian Kaufmann, Ihr Gastgeber, sorgt nicht nur dafür, dass Sie entspannt durch Ihre Gänge geführt werden, sondern er annonciert auch die komplizierten Speisen von Eisele. Des Weiteren hat er für jeden Geschmack eine fantastische Wein-, Whiskey-, oder Craftbeer-Empfehlung parat.

Möchten Sie an lauen Sommerabenden das Grün und die Landluft genießen, so können Sie dies auf der Terrasse, dem Champagnergarten tun.

Wenn Sie mit der ganzen Familie und einem vierbeinigen Kollegen erscheinen möchten, so melden Sie dies bitte vorher an, denn normalerweise sind Hunde im Maximilians nicht gestattet, weswegen Sie einen extra Tisch im Anbau des Restaurants erhalten.

Sollte die Beschreibung Ihr Interesse geweckt haben, so schauen Sie gerne einmal auf **www.das-maximilians.de** vorbei.

Die Traube, sowohl Hotel als auch Restaurant in Oberstdorf

Die Traube, welche schon seit mehr als 35 Jahren existiert, bietet Ihnen eine wunderschöne Atmosphäre. Aufgrund der Auswahl von hellem Holz und warmen Farben fühlt man sich sofort pudelwohl.

Die Küche unter der Leitung von Georg Höfling, verzaubert Sie sowohl mit leichten als auch deftigen Speisen. Je nachdem wie viel Geld Sie in die Hand nehmen wollen, können Sie zwischen bayrisch-deftigen Gerichten und Speisen auf Gourmetküchenniveau wählen.

Kehren Sie an kalten Wintertagen in die Traube ein, so können Sie, sofern noch ein Tisch frei ist, in der Kachelofenstube Platz nehmen. Diese ist kuschelig warm und lässt Sie garantiert nicht im Kalten stehen.

Haben Sie Glück und ergattern auf der im Winter beheizbaren Bierterrasse einen Sitzplatz, dann können Sie die unvergessliche Atmosphäre miterleben. Der Biergarten grenzt an das Restaurant und kann mit der Stimmung, welche in einem Oktoberfestzelt herrscht, gut mithalten. Im Sommer, wenn die Sonne vom wolkenlosen Himmel herunterbrennt, spenden die Kastanienbäume, welche rund 90 Jahre alt sind, angenehme Kühle.

Übrigens finden hier auch unter der Woche Liveauftritte statt. Sollte Sie die Beschreibung reizen, dann besuchen Sie doch einfach einmal die Internetseite der Traube. Die Domain lautet www.hotel-traube.de

Das Ondersch im Oberstdorfer Loft

Das Loft in Oberstdorf ist nicht nur ein Kino, sondern auch ein Ort zum Genießen von leckeren Speisen und Getränken.

Für die Zubereitung der ausgezeichneten Gerichte sorgen die zwei gut befreundeten Sterneköche. Sie mögen möglicherweise erst einmal zurückschrecken, aufgrund der Tatsache, dass Sie auch hier auf Spitzenköche treffen, doch die Speisen sind für jeden Geldbeutel erschwinglich. Das liegt vor allem am Konzept der beiden Männer. Das Restaurant besteht nämlich einmal aus einer Gourmetküche, welche sich im oberen Stockwerk befindet und einer Streetfood-Bar. Diese können Sie im Erdgeschoss des Filmpalastes finden.

Weitere Informationen, wie zum Beispiel die Öffnungszeiten oder die einzelnen

Filmvorstellungen, finden Sie auf **www.loft-oberst-dorf.de**

Das Inizio in Tiefenberg

Der Ort Tiefenberg, welcher in der Nähe von Ofterschwang liegt, bietet Ihnen ein unvergessliches und leckeres Erlebnis. Das liegt am Inizio, welches kein normales Restaurant ist und dem Sonnenalp Resort, einem 5-Sterne Resort, angehört. Hier werden Sie von Auszubildenden bedient und bekocht und das so gut, dass Sie aus dem Staunen nicht wieder herauskommen.

Die angehenden Gastronomieprofis verzaubern Sie mit einer Vielzahl an Gerichten, welche an die italienische Küche angelehnt sind und jedem Geschmack ein unglaublich gutes Preis-Leistungs-Verhältnis bieten. Die Speisekarte umfasst nicht nur frische, knackige Salate, sondern auch grandiose Pasta, Fisch, Fleisch und Pizzen. Der Service weist außerdem das nötige Know-how auf, um Ihnen gute Wein- oder Aperitifempfehlungen zu geben.

Sofern das Wetter mitspielt, können Sie auch draußen auf der hauseigenen Terrasse sitzen und bei einem herzhaften Essen entspannen.

Sollte ich Ihr Interesse geweckt haben, so

schauen Sie gerne auf **www.restaurant-inizio.de** vorbei.

Urlaubsaktivitäten für Groß und Klein

EINFÜHRUNG

D a das Allgäu oftmals mitten in den Bergen liegt, sind Ihnen viele Gebirgsrouten geboten, doch sollte Ihnen das Wandern, Radfahren oder gar Skifahren nicht zusagen, dann finden Sie in den nachfolgenden Vorschlägen sicherlich eine schöne Alternative für Sie und Ihre Familie.

DAS ALLGÄULINO IN WERTACH

In der ehemaligen Tennishalle in Wertach finden Sie heutzutage einen großen Abenteuerspielplatz für Ihre Kinder. Die Kleinen, welche zwischen drei und elf Jahre alt sein dürfen, können sich hier an einem riesigen Angebot von bewegungsintensiven Spielen ergötzen und austoben.

Der Spielplatz bietet so einige Highlights, die Sie möglicherweise interessieren könnten. Zum Beispiel können die Kinder eine riesige Kletterburg mit haufenweise coolen Rutschen und Türmen finden, des Weiteren gibt es sowohl eine Hüpfburg als auch ein Trampolin. Damit den Kleinen nichts passiert, sind die Attraktionen gut gesichert und erlauben, durch ein großes Platzangebot, den Erwachsenen den Kindern hinterher zu klettern. Ist Ihr Kind nicht am Klettern interessiert, kann es auf der Kartbahn mit Karts, welche relativ langsam sind, die Rennfahrerluft schnuppern. Die Chips, welche für die Fahrten benötigt werden, sind für die ersten Fahrten im Eintrittspreis inkludiert, danach muss allerdings nachgekauft werden.

Damit sich die Großen nicht langweilen müssen,

können sich diese im Biergarten, welcher sich ebenfalls im Inneren der Halle befindet, amüsieren. Sollten Ihre Kinder Hunger bekommen, dann können Sie zwischen Pommes mit Schnitzel oder Wurst wählen.

DAS ILLERPARADIES IN LAUBEN

Zwischen Lauben und Dietmannsried liegt ein kleiner Freizeitpark, welcher Ihnen möglicherweise Erinnerungen an die eigene Kindheit verschafft, denn die meisten Fahrgeschäfte bestehen aus kleinen Fahrzeugautomaten, wie sie vor Jahrzehnten auf Jahrmärkten existierten.

Die Betreiber des Illerparadieses sind sich im Klaren, dass die Attraktionen nicht mehr mit denen von heute mithalten können, machen sich allerdings den nostalgischen Charme zunutze. Der Park ist für jüngere Kinder geeignet und sollten Ihre Kleinen keinen Spaß an diesen Geräten finden, so können Sie unterschiedliches Wild im Wildtiergehege betrachten und füttern.

Möchten Sie als Elternteil nicht immer daneben stehen, so können Sie im Biergarten, welcher sich in der Nähe befindet, Platz nehmen.

DER KLETTERWALD AM GRÜNTENSEE

Ihre Kinder klettern gerne und lieben die Allgäuer Luft? Dann können Sie diese beiden Vorlieben im Kletterwald nahe des Grüntensees miteinander kombinieren. Ein Ticket zählt für einen dreistündigen Aufenthalt.

Der Wald, welcher aus acht unterschiedlichen Parcours besteht, bietet verschiedene Schwierigkeitsgrade. Sie und Ihre Kinder können gesichert die wackligen Holz- und Stahlkonstruktionen, welche die Plattformen miteinander verbinden, besteigen. Außerdem können Sie Ihr Können auf den Slacklines oder Teamparcours unter Beweis stellen.

DER MÄRCHENWALD IN SCHONGAU

Ihre Kinder lieben die Märchen von den Gebrüder Grimm? Dann finden Sie in Schongau, etwas außerhalb vom Allgäu, einen schönen Märchenpark samt kleinem Zoo und Gaststätte. Das Erlebnis ist für Kinder bis zehn Jahren geeignet.

Der Park liegt an einem Waldstück. In diesem werden den Kindern verschiedenste Märchen, wie zum Beispiel „Hänsel und Gretel" oder „Schneewittchen", erzählt. Die Erzählungen werden mithilfe von animierten Figuren unterstützt. Am Ende des Märchenwaldes, in welchem es einen Erlebnispfad mit mehreren abenteuerlichen Spielplätzen gibt, warten mehrere Tiergehege auf die Kinder. In diesen befinden sich zum Beispiel Kaninchen, Ziegen, Ponys oder Rehe, welche durch den Zaun betrachtet und angefasst werden dürfen.

SOMMERRODELBAHN IN SCHWANGAU

Wenn Ihre Kinder Geschwindigkeit lieben, dann ist die Sommerrodelbahn das Richtige für die Kleinen. Die Bahn, welche 760 Meter Länge misst, startet auf Höhe der Talstation und bietet einen riesigen Spaß. Neben der Rodelbahn existiert noch ein Spielplatz, auf welchem eine kleine Scooterbahn ihren Platz findet.

Aktivitäten

EINFÜHRUNG

Wie Sie im Laufe des Buches sicherlich schon festgestellt haben, kann man im Allgäu sehr viel erleben und sehen. Oftmals fragt man sich zurecht, was man zuerst anstellen und wie man all die schönen Dinge in meist so kurzer Zeit unter einen Hut zaubern soll.

Im Folgenden finden Sie einige schöne Aktivitäten, welche Ihnen sowohl die wunderschöne Allgäuer Natur näherbringen als auch etwas Zeit zum Überlegen geben, was Sie wohl als Erstes in Angriff nehmen.

DIE 20 SCHÖNSTEN
FAHRRADTOUREN

Schwierigkeit	Strecke in km	ø Zeit in Min.	Fitness-Anforderung	Namen
Mittelschwer	36	134	Gute Kondition	Panorama Forgensee
Mittelschwer	31	126	Gute Kondition	Alatsee Runde
Schwer	42	180	Gute Kondition	Alpsee Runde
Schwer	64	256	Sehr gute Kondition	Füssen Runde/Lechfall
Leicht	20	70	Keine	Bregenz Hafen Runde
Mittelschwer	33	120	Gute Kondition	Großer Alpsee Runde verk.

Schwierigkeit	Strecke in km	ø Zeit in Min.	Fitness-Anforderung	Namen
Mittelschwer	28	112	Gute Kondition	Hopfensee Runde
Mittelschwer	80	300	Gute Kondition	Bodenseezufluss Runde
Mittelschwer	18	70	Gute Kondition	Christlesee Runde
Mittelschwer	39	160	Gute Kondition	Der Illersprung
Mittelschwer	29	106	Gute Kondition	Alpsee Runde Immenstadt
Schwer	76	280	Sehr gute Kondition	Lechbrucker Stausee Runde
Mittelschwer	45	186	Gute Kondition	Blick auf Hopfensee Runde

Schwierigkeit	Strecke in km	ø Zeit in Min.	Fitness-Anforderung	Namen
Schwer	89	360	Sehr gute Kondition	Großer Alpsee Runde
Schwer	63	280	Sehr gute Kondition	Sagenweg an Sturmanns- höhle
Mittel- schwer	39	167	Gute Kon- dition	Grüntensee Runde
Mittel- schwer	39	150	Gute Kon- dition	Sagenweg an Sturmanns- höhle verk.
Mittel- schwer	41	182	Gute Kon- dition	Immenstadt Runde
Mittel- schwer	32	150	Gute Kon- dition	Weissensee Runde

DIE 20 SCHÖNSTEN
WANDERROUTEN

Schwierigkeit	Strecke in km	ø Zeit in Min.	Fitness-Anforderungen	Namen
Mittel-schwer	10	163	Gute Kondition	Alpsee Runde
Mittel-schwer	14	250	Gute Kondition	Gaisalpe Runde
Mittel-schwer	7	140	Gute Kondition	Starzlach-klamm Runde
Mittel-schwer	13	240	Gute Kondition	Wallrafweg Runde
Mittel-schwer	6	114	Keine	Eistobel
Mittel-schwer	8	140	Gute Kondition	Breitach-klamm Runde

Schwierigkeit	Strecke in km	ø Zeit in Min.	Fitness-Anforderungen	Namen
Leicht	6	105	Keine	Breitach-klamm Runde verk.
Mittel-schwer	11	180	Gute Kondition	Oytal Runde
Leicht	7	106	Keine	Hopfensee Runde
Mittel-schwer	5	90	Keine	Wasserfall Runde
Mittel-schwer	12	215	Gute Kondition	Freibergsee Runde
Mittel-schwer	6	120	Gute Kondition	Burgberg Wasserfall Runde
Mittel-schwer	6	144	Gute Kondition	Schöner Gratweg
Schwer	12	240	Gute Kondition	Buchenegger Wasserfälle

Schwierigkeit	Strecke in km	∅ Zeit in Min.	Fitness-Anforderungen	Namen
Schwer	20	450	Sehr gute Kondition	Grüntenhaus Runde
Leicht	7	103	Keine	Weissensee Runde
Leicht	7	103	Keine	Felsentor Weissensee Runde
Mittel-schwer	11	180	Gute Kondition	Großer Alpensee Immenstadt Runde
Mittel-schwer	11	180	Gute Kondition	Argenzusammenfluss Runde
Mittel-schwer	12	252	Gute Kondition	Alatsee Runde

Zwei der schönsten Kletterrouten

EINFÜHRUNG

Ikonisch für Bayern sind nicht nur die braunen Kühe, sondern auch die wunderschönen Gebirge. Aufgrund dessen ist Bayern nicht ohne Grund das Bundesland Nummer eins für die unterschiedlichsten Bergsportarten.

Freunde der Klettersportart kommen hier glasklar auf ihre Kosten, denn es ist egal, ob Sie Anfänger sind und Ihre ersten Schritte in einer Kletterhalle machen, oder ob Sie bereits als Vollprofi dastehen und zum Beispiel eine der vielen Kletterrouten der Frankenjura besteigen.

Von der fränkischen Schweiz bis zu den bayrischen Voralpen werden Ihnen unzählige Kletterrouten geboten, jedoch gilt, dass Sie absolut schwindelfrei und professionell sein müssen, da zum Beispiel immer ein großes Verletzungspotenzial besteht.

Sollten Sie sich noch nicht sicher genug fühlen, ist das selbstverständlich kein Problem oder Hindernis, denn es gibt ein breites Angebot an Kletterschulen und -hallen.

Wie dem auch sei, im Folgenden finden Sie einige schöne Kletterrouten bzw. Gebiete, in denen Sie ungestört klettern und die Aussicht genießen können.

ANMERKUNG

Bitte seien Sie komplett ehrlich zu sich selbst und trauen sich nicht zu viel zu, denn wir sprechen oftmals von großen Höhen, welche ohne eine gewisse Professionalität und spezieller Ausrüstung schnell zu einer Todesfalle werden können.

DER FRANKENJURA IN DER FRÄNKISCHEN SCHWEIZ

Der Frankenjura ist das Aushängeschild für Kletterer aus Deutschland und der ganzen Welt und das nicht ohne Grund, denn auf etwa 1.000 Felsen finden 12.000 Kletterrouten ihren Platz und begeistern zusätzlich mit einer atemberaubenden Aussicht in die Natur.

DIE BAYRISCHEN VORALPEN ALS KLETTERGEBIET

Haben Sie geplant Ihren Urlaub nicht in einem Biergarten, sondern an einer Felswand zu verbringen, so stellen die bayrischen Voralpen die besten Voraussetzungen für Ihr Vorhaben dar. Es ist egal ob Sie Felsklettern oder eine entspannte Bergroute mit abwechslungsreichen Klettersteigen bevorzugen, denn Ihnen wird hier alles auf einmal geboten.

Der Skisport im Allgäu

EINFÜHRUNG

Im Allgäu werden Ihnen viele verschieden Möglichkeiten geboten, wenn Sie den Wintersport lieben. Es ist egal, ob Sie das erste Mal auf einem Snowboard stehen oder schon seit Jahren mit Ihren Skiern die Pisten unsicher machen. Es ist egal, wie professionell Sie sind, denn Sie werden überall fündig.

ANMERKUNG

Seien Sie sich bitte im Klaren, dass der Wintersport oftmals sehr schnell abläuft und die Verletzungsgefahr deswegen sehr hoch ist. Das ist vor allem der Fall, wenn man noch keine große Erfahrung an den Tag legt und sich überschätzt. Tun Sie sich selbst den Gefallen und trauen Sie sich nicht zu viel zu, denn Ihre Gesundheit steht an erster Stelle.

Skigebiete für Anfänger und Profis

SKIGEBIET FELLHORN/KANZELWAND

Die Höhe des Skigebietes variiert zwischen 900 und 2.000 Metern, da es sich hierbei um ein Zwei-Länder-Skigebiet handelt. Einerseits können Sie aus Oberstdorf von der Fellhorn-Seite aus den Berg erklimmen, andererseits bringt Sie die Gondel der Kanzelwand in Riezlern das Gebirge hinauf.

Je nachdem, was Ihnen mehr zusagt, stehen Ihnen sowohl Sessellifte als auch Kabinengondeln zur Verfügung, um von unten nach oben zu kommen.

Auf dem Berg finden Sie rund 20 Abfahrten, wovon einige auch für Anfänger geeignet und bis zu sechs Kilometer lang sind.

Für die Snowboarder sind Funkparks geboten. Diese befinden sich sowohl an der Station Schlappoldsee als auch an der Talstation der Kanzelwandbahn.

SKIGEBIET THALKIRCHDORF UND HÜNDLE

Die höchste Stelle des Skigebietes, welches insgesamt neun Schlepplifte und eine Gondelbahn zählt, befindet sich in etwa 1.200 Metern Höhe. Aufgrund dessen bietet sich das Gebiet besonders für Anfänger an. Außerdem sind die Pisten nicht steil, können allerdings, weil es Nordabhänge sind, Vereisungen aufweisen.

Eine Besonderheit des Skigebietes ist, dass sich am Schwandhang eine Flutlichtanlage befindet, welche das nächtliche Ski- und Snowboardfahren ermöglicht.

DAS SKIGEBIET OBERJOCH

Das Skigebiet Oberjoch liegt zwischen 1.160 und 1.560 Höhenmetern und ist somit ebenfalls perfekt für Anfänger geeignet. Das Gebiet ist sehr schneesicher, das heißt, dass Sie hier immer genügend Schnee finden.

Das Gebiet ist mit der Islerbahn, einem kleinen Sessellift, ausgestattet. Des Weiteren zählen einige größere Sessellifte zur Ausstattung des Gebirges und sichern einen sicheren Transport bis nach oben.

Möchten Sie Snowboard fahren, so wird Ihnen ein Funpark geboten, in welchem Sie Ihre Tricks vollführen können.

Die meisten Pisten sind rot, es gibt wenige Blaue und eine Schwarze. Falls Ihre Kinder, sofern Sie welche haben, am Skifahren interessiert sind, finden diese ein Übungsgelände und ein Kinderparadies.

Herstellung und Verlag:
BoD – Books on Demand, Norderstedt
ISBN: 9783751967112

1. Auflage
Kontakt: Psiana eCom UG/ Berumer Str. 44/ 26844 Jemgum
Covergestaltung: Fenna Larsson
Coverfoto: depositphotos.com

FSC

www.fsc.org

MIX

Papier aus ver-
antwortungsvollen
Quellen

Paper from
responsible sources

FSC® C105338